EUGÈNE ROSTAND

A TRAVERS LA POLITIQUE

NOTES AU JOUR LE JOUR

PARIS

F. AMYOT, LIBRAIRE-ÉDITEUR
8, rue de la Paix, 8

—

1871

A TRAVERS LA POLITIQUE

NOTES AU JOUR LE JOUR

EUGÈNE ROSTAND

A TRAVERS LA POLITIQUE

NOTES AU JOUR LE JOUR

PARIS

F. AMYOT, LIBRAIRE-ÉDITEUR
8, rue de la Paix, 8

1871

Ces Notes, écrites au hasard des impressions de chaque jour, n'ont qu'un mérite : leur sincérité absolue. Elles s'adressent à ceux — et à ceux-là seuls, — qui réfléchissent, lisent, comparent, regardent de près, se forment sur toute chose une opinion personnelle raisonnée, — et, s'ils font rencontre d'une autre que la leur, l'écoutent d'abord, la repoussent en tout cas par des faits précis ou des arguments loyaux, — jamais par des puérilités à dormir debout, ou des injures.

Marseille, octobre 1871.

A TRAVERS LA POLITIQUE

NOTES AU JOUR LE JOUR

Se payer de mots, ou en payer les autres, —
c'est, en France, par le temps qui court, toute la
politique . Je hais les deux choses . Ce troupeau
vivant sur quelques phrases qu'on lui passe toutes
forgées me fait pitié. Mais cette foule de gens, et
des plus honnêtes, et des moins sots, qui s'éver-
tuent à masquer leur pensée, me fait honte.
Cela est bas ; j'en souffre, pour mon temps, pour
mon pays, pour cette bourgeoisie dont je suis.
Eh ! pourquoi ne pas la dire tout simplement et
loyalement , sa pensée, sans s'arracher les yeux
entre Français parce qu'on diffère d'avis ?

Chercher le vrai sans prévention, exposer ce

qu'on croit tel sans réticence, c'est donc une tâche bien malaisée! Rien autre pourtant ne peut rendre la réflexion et la discussion intéressantes et utiles.

De quiconque formule une opinion, en politique, exigez surtout deux choses : la droiture de l'intention, — et, don plus rare, que peu apportent en naissant, que peu acquièrent sans effort, la sincérité courageuse de l'esprit.

Depuis quatre-vingts ans, tous les partis en France ont commis des fautes. C'est affaire de plus ou de moins. Et toutes les générations aussi. Les aïeux n'ont pas été plus sages que les enfants, ni les enfants que les aïeux.

La plus grande de ces fautes, à coup sûr, et la plus persistante, c'est notre division. « Toute mai « son divisée contre elle-même périra; » mot redoutable, que l'histoire entière confirme, que la plus humble expérience humaine démontre, et qui sera notre condamnation infaillible, si nous

ne faisons un prompt et suprême effort pour re-
jeter de ce grand corps de la France le poison
qui le dévore. Hier tous les partis s'étaient géné-
reusement alliés et fondus dans la lutte contre
l'ennemi national ; les voici revenus à leurs vieilles haines, que rien n'a pu éteindre, ni la com-
mune misère, ni l'agression formidable et toujours menaçante du socialisme . Accablant
témoignage de la profondeur du mal , et qui
ferait désespérer toute âme vraiment dévouée à
la patrie, — s'il était jamais permis de désespérer !

Quelles analogies saisissantes, même dans le
détail , entre les événements de 1806 en Prusse
et ceux de 1870 en France !

« C'est un écrasement sans précédent dans
« l'histoire ». — L'avez-vous lue ? — De la déclara-
tion de guerre du duc de Grammont à Sedan , il
s'écoula près de quarante jours de lutte héroïque.
C'est une campagne de sept jours, du 8 au 15
octobre 1806, qui mit la Prusse sous les pieds
de Napoléon, et sous les nôtres.

Dès les premiers jours d'octobre, l'agitation
est intense à Berlin. Il y a des pressentiments
dans l'air . La presse est ardente, Le 11 , on

apprend la retraite de Tauenzien ; puis, la mort du prince Louis. La consternation commence. Des lueurs d'espoir lui succèdent, et des nouvelles décevantes de victoires. « Le prince « de Hohenlohe a battu Soult à Zeitz... Murat « est prisonnier... le parc d'artillerie est enle- « vé... les Français sont pris entre Hohenlohe « et le roi. » — Vous rappelez-vous Août 1870? Eh ! pourquoi s'étonner, quand un peuple a la fièvre, de ces bruits nés on ne sait où, mais que le patriotisme caresse, répand, exagère ? — Le gouverneur Schulemburg fait distribuer des bulletins de victoire. Je crois que ce misérable Palikao n'en fit jamais autant. On conte bien qu'il a dit : « Si Paris savait ce que je sais... il illu- « minerait... » Mais qui l'a entendu ? — Dans la nuit du 14 au 15, une aurore boréale, présage funeste comme on sait, terrifie la population superstitieuse de Berlin. Je me souviens du même phénomène l'an dernier, amenant les mêmes émotions.

Enfin, le 17, des affiches annoncent que le roi vient de perdre « une grande bataille, » et exhortent les citoyens au calme. *Pugna magna victi sumus*, écrivait le préteur romain le lendemain de Cannes. Après la défaite comme après la victoire, c'est de la dignité, et la marque d'une âme forte, que cette brève simplicité, dont Napoléon III n'était pas sans avoir le secret : combien elle fait meilleure figure dans l'histoire que la rhétorique verbeuse et grandiloque, ou la prolixité sénile !

L'épouvante et la confusion s'emparèrent alors de Berlin. On fit partir en hâte les caisses publiques. Les hauts personnages s'enfuirent, et les fonctionnaires, et les rédacteurs de journaux patriotiques. Les nouvelles désolantes se succédaient sans relâche : Iéna, Awerstaedt, la déroute, la destruction de l'armée, la capitulation d'Erfurt, la capitulation de Preslau, la capitulation de Stettin, la capitulation de Lübeck, la reddition de Custrin, la reddition de Magdebourg... L'opinion exaspérée s'en prenait aux chefs de l'armée, aux officiers « bons à courir les rues, boire, faire « tapage, porter de grands plumets.» On criait aux trahisons. Chacun recherchait les fautes commises, et en découvrait d'innombrables. « Est-il « dans l'histoire, » disait en propres termes la presse, « exemple d'un effondrement aussi « prompt ?» On accusait Tauenzien, Mollendorf, Ruchel, Hohenlohe, le prince Louis tué à Saalfeld, Brunswick, le chef d'état-major Massenbach. L'ignorance géographique des généraux était crasse : pas même de cartes passables. Des marches mal conduites avaient éreinté le soldat. Hohenlohe, — et cependant il avait battu notre

Hoche à Kaiserslautern , — dormait au châ-
teau de Capellendorf, pendant que Napoléon
veillait sur le Landgrafenberg . A Awerstaedt,
Brunswick avait été aveuglé, dès le début de
l'action, par un coup de feu : « il était bien assez
« aveugle sans cela, » murmurait-on . Et la capitulation de Preslau, signée par Hohenlohe, celui
qui avait le plus déclamé contre toute capitulation ! Blücher en était la cause, par son refus
d'une marche de nuit. Quel désordre dans tous
les services, et surtout dans l'intendance ! Pas
un intendant qui ne fût routinier, stupide, fri-
pon. Ici l'encombrement , là l'absence de mu-
nitions, de vivres, de fourrages. « Avant de tirer
« un coup de fusil, notre armée était déjà vain-
« cue par l'ennemi le plus redouté des Allemands,
« la faim. »

Je crois relire les navrantes pages de 1870.
Ces illusions , — puis cet affolement , — cette
paralysie du pays une fois son armée régu-
lière brisée, — ces colères publiques, — cette
vanité nationale qui s'en prend à tout et à tous
de la défaite , hors à soi-même , — nous avons
connu tout cela.

Et on nous l'a donné comme « le juste châti-
« ment d'un peuple hébété par le despotisme ,
« pourri jusqu'aux moëlles ... »

Oui, tout cela est notre histoire.

Je me trompe.

Frédéric-Guillaume, battu et capitulant, ne fut ni détrôné ni insulté. La belle et vaillante reine Louise, — qui pourtant pouvait se reprocher d'avoir imprudemment poussé à cette guerre désastreuse, — femme d'un vaincu, fut plus aimée.

Il est vrai que la Prusse n'est point une nation généreuse, ni chevaleresque.

Sept ans après sonnait la première revanche : 1813.

Ce siècle a vu, dans notre pauvre pays, bien des révolutions. L'une est sanglante, l'autre bête ; toutes sont à peu près stériles ; aucune n'est honteuse, que celle du 4 septembre. — Songez-y … faite contre un prisonnier, une femme, un enfant, sous les yeux de l'ennemi vainqueur !

Qui a commis cela, il est vrai ? — La France ? — Non, non. Par respect pour son vieil honneur, qu'elle en soit innocentée devant l'avenir. — Paris ? Non. — Une douzaine d'esprits bourrés de sophismes, ou d'ambitions affamées, — et cinq cents gouapeurs de Belleville, — que les douze, depuis, ont fait mitrailler, quand ces enragés ont voulu recommencer un 4 septembre.

Autre guerre de sept jours : celle de 1866.

Benedek, à Sadowa, n'a pas de fusil à aiguille. Son écrasement a plus d'une cause : la cause prédominante est, à coup sûr, cette terrible infériorité dans les moyens de lutte, — bien plus encore, la démoralisation qu'en ressentit le soldat. — Quoique vivant dans la même Allemagne, en perpétuel échange d'hommes et de choses, — quoique avertie par la récente guerre du Danemark, — l'Autriche n'avait pas introduit dans son armement l'innovation décisive adoptée par la Prusse, qu'elle allait combattre. — Vous parlez de fautes ? Patente, accablante, indéclinable, celle-ci, pour le gouvernement de François-Joseph.

Si l'Autriche, le lendemain de Sadowa, s'était lancée tête basse dans l'abîme obscur d'une révolution, — qui peut dire ce qu'il fût advenu d'elle?

Quel crime pour les uns, — quelle folie pour tous !

On a appris le matin un terrible revers. — Sans rien savoir de précis, — sans même attendre de connaître les faits (de l'aveu de tous, on ne les connaît pas bien encore, plus d'un an après) , — sans réfléchir à ce qui vaut mieux, dans une heure aussi critique et décisive, — non dans l'intérêt de ceci ou de cela, mais dans l'intérêt de la patrie, — vite, à bas l'Empire !

Au lendemain de nos désastres, au lieu de n'avoir tous à songer qu'aux maux à réparer, — nous en sommes à nous battre pour savoir laquelle des quinze ou vingt formes politiques tour à tour essayées et rejetées répondrait, — nous n'avons plus ce courage de dire le mieux, — mais le moins imparfaitement, aux nécessités de ce grand travail de réparation.

Nous avons eu en moins d'un siècle quelques douzaines de constitutions. Chacune , — et dans une période assez courte , — a été considérée comme la plus digne d'admiration et la plus haïssable qui puisse exister. Comment ne serions-nous pas las ?

Voilà dix mois que M. Thiers a dit à la Chambre : « Nous relèverons ce noble blessé qui s'appelle la France, et quand il sera ranimé, nous lui demanderons comment il veut vivre. » Quand donc le demandera-t-on à la France ? — Elle a M. Thiers. N'est-ce pas suffisant ? — Et après M. Thiers ? — Qu'allez-vous chercher là ?

Z. à qui je ne connais, en fait d'opinion politique, que beaucoup de bon sens et beaucoup de loyauté, m'écrit ceci.

« Au milieu de ce chaos où nous vivons, — dans cette étourdissante et abrutissante Babel,— comment se reconnaître et se débrouiller, quand on a l'esprit libre de tout lien ?... Pour moi, mon criterium est simple. Je recherche quel parti accepte franchement et sans réserve la volonté nationale comme loi suprême.

Je respecte infiniment les légitimistes. Mais ils ont une manière à eux d'entendre la volonté nationale. D'abord, ils la déclarent d'avance inepte ou viciée, si elle n'enregistre l'intronisation de Henri V, roi de France, dans la 41ᵉ année de son règne. Même, permettent-ils qu'elle soit consultée pour cela ? En tout cas, c'est pure concession aux manies de l'époque, et ils s'expliquent peu sur la façon. Ils parlent beaucoup d'«acclamation.» Je me méfie de ce procédé, l'ayant vu fonctionner à l'avènement de deux républiques. J'aime vraiment mieux écrire ce que je veux sur un carré de papier, et que chacun en fasse autant.

Les orléanistes ont toujours proscrit, que dis-je? flétri la doctrine plébiscitaire. Quel est à leurs yeux le meilleur mode d'expression de la volonté générale? Je ne sais trop. Un vote de députés? C'est bien détourné. Entre l'élection du député et son vote, que de choses! Et si mon mandataire me joue? D'ailleurs, pourquoi donnerais-je mon avis par procureur? Je préfère le donner moi-même.

Les plus inexplicables, — comme toujours, — sont les républicains. Eux qui n'ont de raison d'être que ce principe « la chose de tous régie par le libre vouloir de tous, » tirent leurs grègues et gagnent le large, dès qu'on leur propose de demander à la France comment il lui plaît de vivre. Les subtils du parti ont même inventé, depuis quelque temps, une bien étonnante machine: la république de droit humain, primordial, absolu. M. Gambetta, — leur Mirabeau, et leur Montesquieu, — l'explique comme voici: la forme républicaine est supérieure au suffrage universel,

puisque accepter la forme monarchique, serait
« aliéner » (un des mots favoris du Montesquieu)
la volonté des générations futures. — Ce qui
revient à dire: pour respecter le principe dans
l'avenir, n'en usons point dans le présent. Invo-
lontairement, ne songez-vous pas à l'enseigne du
barbier : « Ici, l'on rasera gratis... demain ? » Mais
si ma génération et moi ne voulions pas de la
forme républicaine, — ce que je n'entends point du
reste préjuger, — nous faudrait-il donc la subir
usque ad mortem pour ne point aliéner le droit
de nos petits-fils ? Votre théorie est peut-être
ingénieuse ; mais de qui vous moquez-vous ?

Pour nous, me disent les impérialistes, nous
n'admettons de forme gouvernementale légitime
que celle que le pays aura choisie. Notre seule
prétention est de croire, et de tâcher de démon-
trer, que la monarchie démocratique napoléonienne est celle qui répond le mieux aux besoins
de la France présente. Notre thèse exposée, —
et plaidez les vôtres à l'aise, — la France décidera.
Quelle que soit sa décision, nous nous incline-
rons devant elle, et lui donnerons notre concours.
— Eh ! mais, c'est parler d'or. Qu'a-t-on à ob-
jecter à cela ? — Mille choses. — Vous m'éton-
nez. — C'est une manière frauduleuse et déloyale
de consulter la nation. — Je vous jure que j'y
vois le moyen le plus simple, le plus direct, le

plus décisif, et par conséquent le plus loyal, de donner mon avis. — Les impérialistes pèseront sur les électeurs. — Je ne comprends pas. Les ministres, les préfets, les maires, les gardes champêtres, les juges de paix, ne sont-ils pas à la dévotion et à la merci du gouvernement républicain ? S'ils « pèsent, » — et j'espère que non, — c'est au profit de la république que la balance penchera. — Encore un coup, la proposition des impérialistes me convient fort. Je donnerai mon vote contre ou pour leur système ; mais au moins je le donnerai. »

C'est perdre son temps, que rechercher s'il existe, en théorie pure et dans la région des idées abstraites, une forme quelconque de gouvernement qui puisse revendiquer le privilége de la vérité absolue. Il n'en est aucune, à bien y regarder, qui ne repose sur un mélange de vérité et de fiction. Aussi rien n'est-il plus plaisant que cette prétention de certains partis, de se poser en dépositaires exclusifs de la justice ou de la logique absolues, et de crier sur tous les tons et à tout venant : « hors de mon *credo*, point de salut « pour la raison. »

Eh quoi! nous ne pourrions pas discuter la forme républicaine avec une franchise et une liberté entières de pensée et de langage? Les mêmes hommes, qui ont soutenu la perfectibilité indéfinie et la « discutabilité » des constitutions les plus incontestablement acceptées comme définitives, affectent aujourd'hui de prendre pour une organisation constitutionnelle le plus provisoire de tous les fonctionnements. Quelle mauvaise foi!

Mais aussi, quoi de plus imprudent, et de moins loyal, que de se prêter sur ce point, comme l'ont fait certains de nos gouvernants, à une équivoque quelconque!

Les partisans de la forme républicaine ont espéré l'an passé confondre par une preuve éclatante les défiances que deux essais de cette forme avaient laissées en France, et fonder définitivement la république sur la gratitude du pays, délivré de l'invasion étrangère en même temps que protégé contre l'anarchie intérieure. Quel démenti les faits ont infligé à ces espérances!

La dictature sans mandat qui promettait de sauver la patrie fit, pour résumer son œuvre d'un mot, de toutes les situations compromises des situations désespérées. Ce qu'elle viola de lois et de droits, ce qu'elle répandit de sang stérile, ce qu'elle dévora et gaspilla des ressources publiques (au grand profit de ses séides), ce qu'elle jeta partout de désordre et de chaos, à quoi bon le redire? — Aussi, pour suprême aboutissement, quelle paix!

On dispute aujourd'hui sur ce qu'auraient été au 3 septembre les conditions prussiennes. Eh! qu'importe tel ou tel point! L'histoire impartiale, plaçant au dessus de tout les intérêts permanents de la France, ne pourra refuser de dire : si Sedan, comme Iéna pour la Prusse, comme Sadowa pour l'Autriche, n'avait point été suivi de cette complication odieuse, une révolution devant l'ennemi; si l'aberration d'un peuple trompé n'avait amené le dégoût et l'éloignement de l'Europe conservatrice, — la paix nous eût coûté quelques sacrifices promptement réparables, — et sans anarchie intérieure. En aucun cas, elle n'eût été l'écrasement et la dissolution, peut-être irrémédiables, où nous a conduits l'abandon du pays aux mains despotiques de la passion aveugle et sourde, des calculs de parti, de l'inexpérience présomptueuse, de l'impuissance exaspérée... Pensée douloureuse entre toutes!

Mais, encore qu'elle ait été prise et exercée par les chefs avoués du parti républicain, bien résolus à faire bénéficier la république d'un triomphe, — une dictature, en de telles circonstances, pour les esprits de bonne foi, n'est pas la république·

Organisée et mise en branle dans des conditions légales, — conduite et administrée par d'autres que les républicains, unique chance de vie (mais les républicains ne secoueraient-ils pas bien vite cette sagesse, le jour où le pays aurait cédé à leurs vœux?) — la république est-elle de nature à satisfaire aux grands et essentiels besoins de la France?

Assurément, elle répondrait au plus urgent, au plus vital de ces besoins, si elle était « le gouver- « nement qui nous divise le moins. » Il n'est pas un Français digne de ce nom, dans cette masse de bons citoyens indifférente à tout prendre aux questions de personnes ou de systèmes, qui ne dût s'y rallier sans réserve et sans délai. — Mais qu'il est peu exact, ce mot spécieux, détourné du sens où le prononça M. Thiers, — et que M. Thiers pourtant répéterait volontiers tel qu'on le lui a changé, — aujourd'hui qu'il s'agit d'une république sous sa présidence! On pourrait presque dire que c'est exactement la formule contraire qui est la vraie, — et que la république est, en France, « le gouvernement qui divise le plus. »

La raison le conçoit sans peine, et l'histoire le démontre, — les partis se haïssent davantage et se combattent avec plus de violence, dans un état de choses où le souverain pouvoir est périodiquement offert à leurs compétitions. Ce serait d'ailleurs une inexcusable chimère, que de compter sur l'abdication complète et sans esprit de retour de tous les prétendants et de tous les partis monarchiques : or, qui ne voit que les efforts de ces partis et de leurs chefs seront toujours mille fois plus ardents, plus soutenus, plus entreprenants, sous la forme républicaine, qui ne ferme réellement l'avenir à aucun, en croyant le fermer à tous ? N'est-ce pas là un fait confirmé par l'observation la plus élémentaire de nos époques républicaines, comparées aux règnes de nos diverses dynasties ? Et ce trait, à lui seul, ne détruit-il pas d'avance toute assimilation sérieuse avec les États-Unis d'Amérique ou la Suisse, qui n'ont aucun passé monarchique ?

Enfin, c'est, dans notre société démocratique, et travaillée par les pires maux des démocraties surmenées, le caractère particulier de la république, qu'à son nom même se rattachent des espérances ou des utopies sociales indéfinies. En sorte que l'antagonisme des classes, si redoutable toujours, y devient promptement plus aigu, et dégénère bientôt en guerre ouverte.

Contenir sans en être altérée la plus grande
somme conciliable de liberté et d'ordre, c'est
évidemment la maîtresse qualité d'une forme politique. La forme républicaine satisfait-elle à
cette condition?— Il semble, en théorie, qu'il en
doive être ainsi; et l'exemple de certains pays,
plus heureux ou plus sages, est de nature à prouver qu'en thèse générale , un tel idéal n'est point
irréalisable. Rien n'est cependant plus douteux
en France. — Sans vouloir tirer une conclusion
préjudicielle absolue des expériences qui ont
été faites parmi nous de la forme républicaine,
sans demander même aux horribles catastrophes
d'hier toutes les leçons qui en ressortent, — il
est impossible de perdre de vue que jamais l'ordre n'a été plus fréquemment et violemment
troublé, et plus incertain tant qu'il existait ; —
que jamais la souveraineté nationale, essence
propre de la république, n'a été moins respectée;
— que jamais la liberté sous toutes ses faces,
plus pompeusement invoquée, n'a été aussi plus
bafouée et foulée aux pieds. On arrive à penser
que ces faits ne sont point accidentels, et tien-
nent aux conditions naturelles de la république
parmi nous, quand on songe à ce que nous cons-
tations tantôt des animosités plus âpres et de la
lutte plus acharnée entre les partis , du pouvoir
suprême périodiquement soumis aux agitations

électives, des questions sociales inévitablement
soulevées, des passions qu'elles engendrent en-
tretenues et enfiévrées. Il y a là, sans parler de
bien d'autres causes, plus qu'il n'en faut pour
expliquer cette impuissance infiniment probable
de la forme républicaine en France à assurer la
liberté dans l'ordre.

D'excellents esprits, irrités d'avoir vu plusieurs
monarchies aboutir après une durée déjà longue à des révolutions, et disparaître ainsi les
avantages qu'on attendait de la transmission héré-
ditaire du pouvoir exécutif, se persuadent que
l'institution républicaine leur évitera ces mé-
comptes. Pourquoi ne pas croire, disent-ils,
qu'une république sage, libérale, modérée pourra cette fois prendre pied et s'acclimater parmi
nous, adaptant à la mobilité même de notre hu-
meur l'incessante mobilité du pouvoir ? — Pour
que cette pensée ne fût pas une illusion, il faudrait
que la métamorphose soudaine de mille traits de
notre tempérament et de nos caractères, l'apaisement spontané de nos passions et l'extinction
de nos partis, l'effacement de traditions dont
l'esprit national est profondément imbu, la mi-

raculeuse solution des questions sociales, coïncidâssent avec la recrudescence d'embarras créée par nos malheurs. Rien n'indique qu'il en soit ainsi ; et les difficultés, qu'ont toujours rencontrées parmi nous les rares croyants d'une république sérieusement libre et forte, paraissent à l'observateur attentif aggravées plutôt que détruites par toutes les données et par les conséquences certaines de la situation actuelle. A qui induit du passé qu'une monarchie nouvelle pourrait bien être une révolution encore après quinze ou vingt ans de calme, on est au moins aussi fondé à répondre qu'une république est une dictature inévitable au bout d'une anarchie chronique ou intermittente. Ce caractère précaire de l'institution républicaine en France est peut-être même la cause principale de l'incontestable répugnance que le pays, consulté nettement, lui a plus d'une fois témoignée. Sans en démêler toutes les raisons, le simple et droit bon sens des masses, dans notre société lasse d'expériences , repousse l'idée d'asseoir quoi que ce soit de durable sur ce sol mouvant. Et rien n'aggrave plus que ce sentiment même du pays l'instabilité intrinsèque et naturelle de la république en France.

Du moins, l'essai d'une constitution républicaine serait-elle propre à rendre à la France sa légitime situation en Europe? — Quelque affectation que mettent les nations étrangères à ne point s'immiscer dans nos affaires domestiques, il n'est personne qui ne sente de quel œil inquiet et hostile les Etats organisés sur le type monarchique (c'est-à-dire à peu près tous) considéreraient toujours une France républicaine, foyer d'agitations politiques (et vraisemblablement sociales) contagieuses. Ce n'est point d'ailleurs, autant qu'il est possible de le prévoir d'après les lois de l'histoire et de la nature humaine, un gouvernement à courte échéance, perpétuellement secoué par les mobilités électorales et absorbé par les luttes de factions, qui pourrait suivre avec constance et énergie la forte politique extérieure capable de nous refaire un avenir digne de notre passé.

On nous a démontré sous toutes les formes, depuis un an, que l'Empire avait dilapidé la fortune publique de la France; que la longue prospérité si souvent alléguée par ses défenseurs était trompeuse, et recouvrait un épuisement absolu ; que le système des grands travaux, des grandes dépenses productives, était insensé, et menait fatalement à la banqueroute.

Or, au lendemain d'une guerre désespérée contre l'étranger, d'un gigantesque gaspillage, de luttes civiles épouvantables, voici que l'épargne, ouvrant ses trésors lentement amassés, jette des milliards à l'œuvre de réparation.

Qu'en conclure? De deux choses l'une. Cette immense, cette inépuisable accumulation de richesses, — elle a été créée par les vingt années de l'Empire, ou par les treize mois de république courus depuis le 4 septembre. C'est un dilemme, dont je défie qui que ce soit de sortir.

A en juger par la sécurité dont nous jouissons, par l'accroissement énorme des affaires, par la plus value des capitaux, par la confiance universelle en l'avenir, j'incline vers la deuxième opinion. Et vous ?

Quelle niaiserie, — ou quel manque de conscience, — d'opposer toujours la forme républicaine comme « le gouvernement même du pays « par le pays » à la monarchie, sommairement définie « le gouvernement personnel ou d'un

« seul! » N'est-ce pas l'avantage propre attribué par la science politique à la monarchie constitutionnelle et représentative, que de garantir de la façon la moins imparfaite qui soit possible la pratique exacte et constante du gouvernement du pays par le pays ? Pour arriver à ce but, par exemple, le droit de dissolution n'est-il pas plus aisément et plus impartialement exercé par un souverain que par un président, personnification et instrument d'un parti ?

Il est d'ailleurs à noter que c'est précisément l'anarchie politique ou sociale, corruption fréquente de la forme républicaine , qui engendre les « gouvernements personnels. » Et ces gouvernements ne sont considérés comme excellents, que par un peuple préparé à recevoir de leurs mains la sécurité et la liberté civiles en échange d'une liberté politique stérilement orageuse.

Que la lâcheté humaine est écœurante !

Vous rappelez-vous cette clameur au 4 septembre ? quatre mois après l'acclamation de Mai !

C'était à qui renierait le plus haut le vaincu.

— Oui ou non, l'auraient-ils renié vainqueur ?

Oh ! le triste et vil déchaînement ! Rien peut-être ne nous a fait juger plus cruellement par l'Europe...

On imputa à l'Empire les torts de tout le monde, — et ceux même de la fortune . Les hommes qui avaient rendu l'explosion inévitable en irritant et exaspérant depuis Sadowa les susceptibilités nationales crièrent : « Nous n'y « sommes pour rien. » On nia même que le pays eût jamais été sympathique à l'idée de fermer par le Rhin nos frontières béantes. Ceux qui avaient ouvertement paralysé la réforme militaire de l'illustre maréchal Niel, — répétant qu'on agitait à tort des « *fantasmagories* » inquiétantes, ou que les « levées en masse » et les « milices citoyennes » suffisaient à la défense de la patrie , — rejetèrent effrontément sur l'Empereur toute la responsabilité de l'insuffisance de nos préparatifs. Ceux que nous avons vus depuis à l'œuvre, Carnots manqués, héros en chambre, conspuèrent le souverain comme un lâche , nos généraux aimés de Crimée ou d'Italie comme des idiots ou des traitres ... Et tout cela, devant l'étranger, ébahi et narquois !

Vingt ans de paix publique au dedans et de prépondérance extérieure , les gloires militaires de 1855 et de 1859, des efforts hardis pour l'amélioration du sort des masses laborieuses , d'immenses progrès matériels et économiques ...

tout fut oublié. On s'évertua à prouver, — sinon
à croire, — que la France avait été pendant
vingt ans servile, hébétée, aveuglée, — et que
l'Europe entière, dont nous nous rappelons
avec orgueil les déférences, avait partagé cet
aveuglement.

Quelques sages seuls s'en étaient préservés :
Rochefort, dont on se repentait de n'avoir pas
assez applaudi les *Lanternes*, — Hugo, dont on
s'excusait d'avoir calomnié les *Châtiments*. —
Bons bourgeois ! Il leur a fallu, depuis, en ra-
battre.

Oh ! le triste et honteux déchaînement ! — Il
manque son but, du reste. — La France n'est
pas faite pour suivre longtemps les piétineurs de
vaincus, les crocheteurs de serrures, et les insul-
teurs de femmes. Quiconque a quelque fierté et
quelque hauteur d'âme s'est senti saisi de
dégoût à ce misérable spectacle, et par une ins-
tinctive réaction, s'est brusquement rejeté en
sens contraire...

Mais s'étonner de cela ? Que vous êtes donc
simple, ou rusé, vous qui vous dites frappé par
la violence de ce courant !

Nos pères vous répondront. — Châteaubriand
était un autre génie que nos vendeurs de jour-
nalisme, et, à lui seul, il a jeté autant de boue à
Napoléon 1er qu'eux tous à Napoléon 111. —
Vous opposez volontiers la « gloire de Waterloo »
à la « honte de Sedan. » Voulez-vous que je vous
prouve qu'on a dit de Waterloo ce que vous dites
de Sedan, — et qu'on a même accusé le grand guer_
rier de n'avoir pas eu ce suprême courage, de
« mourir avec ses soldats » ? — « L'homme de
« Sedan, » rabâchez-vous. Et « l'ogre de Corse » ?

Et cependant, avez-vous oublié le retour triom-
phal de l'île d'Elbe ? et les proclamations de ce
maréchal appelant celui contre lequel il marchait
« Buonaparte » à la première étape, « usurpateur »
à la seconde, « Napoléon » à la troisième, « l'Em-
« pereur » à la dernière ? Et l'apothéose de Sainte
Hélène ? et les enthousiasmes des libéraux sous
la Restauration ? et le retour des cendres ? et la
résurrection de Décembre 1848 ?

Le second Empire a eu surtout une raison
d'être, et une force : il a contenu les partis
extrêmes. Tombé, ils l'ont accablé d'autant plus
qu'ils avaient désespéré davantage de sa chute.

L'histoire dira si nos malheurs n'ont eu pour cause que des fautes des gouvernants ; — si la politique d'alliance avec l'Allemagne ne fut pas contrariée, et finalement détournée, par des susceptibilités nationales et des mécontentements attisés de diverses parts ; — si l'indiscipline du soldat, moins signalée que l'insuffisance des chefs, mais qui paraît avoir frappé davantage nos ennemis, n'était pas le fruit d'un honteux travail révolutionnaire ; — si, sur ce double problème, la généralisation de l'instruction et de l'armement, plus d'une prévoyance du prince ne trouva point d'indéniables obstacles dans des oppositions contradictoires mal inspirées, puis dans le gros du pays lui-même ; — si l'amollissement de la nation, qu'on s'est plu à exagérer pour y voir l'effet voulu d'un système politique, n'est pas simplement l'ordinaire suite d'une longue prospérité matérielle, ainsi que le démontre déjà l'exemple de l'Angleterre, où le « césarisme, » je suppose, n'a rien à voir.

« Oui, vous avez commis une faute : céder en « 1867 et 1868 au Parlement, — amender et af- « faiblir sous sa pression la réforme militaire que

« vous proposiez, — consentir à un compromis.
« Mieux eût valu, comme Guillaume et Bismark,
« dissoudre la Chambre, réorganiser sans elle... »
Que les impérialistes autoritaires reprochent cela
à l'Empereur, je le conçois. — A vrai dire, —
n'avoir pas assez exercé ce « pouvoir personnel »
si attaqué, n'est-ce pas ce qui est au fond des
récriminations de tous ?

Mais les libéraux! les parlementaires ! l'an-
cienne Gauche ! et leur parti ! ils ont vraiment bel
air de faire un crime à l'Empire de ne les avoir
point violentés !

Aventureux et téméraire dans la première période de sa vie, l'Empereur avait montré depuis
son élévation, — sur les champs de bataille de
1859, comme dans les rues de Paris sous le poi-
gnard ou les balles des assassins, — un courage
froid et impassible, depuis longtemps devenu
proverbial en Europe et par avance légendaire.
A 61 ans, — ayant plus d'une raison, et d'excel-
lentes raisons, pour ne pas quitter le siége du
gouvernement, — il tint à faire, et il fit jusqu'au
bout, cette campagne de 1870... que seul peut-
être en France, il prévoyait « longue et pénible. »

Tombé à Sedan, — où son intrépidité calme a
été maintenant attestée par trop de témoins ocu-
laires, même hostiles (1), pour qu'il soit besoin
d'y revenir, — il voulut, « après avoirpartagé les
« dangers de l'armée, partager son malheur (2). »
— On l'appela un lâche.

Les Onze de Paris l'appelèrent un lâche. — On
sait que tous, jusqu'au dernier, ont versé leur sang,
— après de longues luttes, — sous les murs de la
capitale assiégée. On connaît le pacte célèbre du
généralissime Gambetta avec la victoire ou avec
la mort. Il ne put obtenir la victoire. Du moins,
avant de pousser à la mort les Français de sa génération, — et pour galvaniser par son exemple
leur âme amollie par le despotisme, — il s'asso-
cia à leurs périls et à leurs souffrances, il éblouit
le monde attentif par des miracles de bravoure
et un trépas de héros... Mais, — Trochu nous l'a
dit dans une page éloquente, — n'est-ce pas à qui
a fourni tant de preuves personnelles, et de si

(1) Correspondants militaires des journaux anglais
et allemands *passim*, — récit du général Pajol, — pu-
blication du général Ducrot, — nécrologie du comte
d'Hendecourt, tué aux côtés de l'Empereur, — rapport
officiel prussien,— lettres au *Temps* de M. Jeannerod,
depuis préfet gambettiste, etc.

(2) *Sedan*, par le général Ducrot.

éclatantes, de vaillance, qu'il sied d'être équitable envers les vaincus ?

Au lendemain de cette paix écrasante, notre vivace patrie, relevée et ressaisie par de fortes mains, pouvait se jeter avec un emportement fécond dans les voies réparatrices. Laissée dans le provisoire et l'indécision, — en proie à des dissensions que l'incertitude envenime, — abandonnée aux demi-mesures des débiles, — ne descendrait-elle pas lentement dans un abîme, que le plus ferme esprit hésite à sonder ?

De 1792 à 1794, toutes les lettres de France, après des récits affreux, concluaient invariablement : « A présent on est tranquille. » Comme on s'habitue au bien-être, on s'accoutume à l'abaissement et au malaise. On prend pour le salut la moindre amélioration passagère, la plus fragile sécurité, le plus superficiel apaisement, la plus courte halte dans le désordre. « Tout Français est suffisamment heureux, » écrivait de Maistre à l'époque de la Terreur, « le jour où on ne le tue point. »

Craignons d'en arriver là.

Le 1ᵉʳ octobre 1791, Mᵐᵉ de Staël écrivait à sa mère : « Soyez tranquille sur le sort de la France.
« C'est à nous seuls (le parti avancé) qu'il appar-
« tient d'assurer son bonheur, et de faire marcher
« de front les droits mutuels que la révolution as-
« sure au prince et au peuple. La Fayette est des
« nôtres ; Narbonne nous seconde ; Malouet et
« Lally-Tollendal se rallient à nous. Paris est par-
« fait ; on y veut la Constitution, on n'y veut
« qu'elle. »

Paris laissa bientôt faire les massacres de Septembre. Narbonne et Lally Tollendal échappèrent à grand'peine par la fuite aux égorgeurs de l'Abbaye. Malouet passa en Angleterre..., et Mᵐᵉ de Staël en Suisse.

Éternelle histoire !

Écoutez. Ceci est beau, et de saison toujours en France :

« C'est une chose commode aux médiocrités
« qu'un temps de révolution. Quand le beugle-
« ment de la voix étouffe l'expression pure de
« la pensée; quand l'injure des feuilles publiques
« voile la sagesse durable des livres; quand un
« scandale de la rue fait une petite gloire et un
« petit nom; quand les ambitieux centenaires fei-
« gnent pour les piper d'écouter les écoliers im-
« berbes; quand les grands noms sont secoués
« pêle-mêle dans des sacs de boue et tirés à la lo-
« terie populaire par la main des pamphlétiers;
« quand les vieilles hontes de famille redevien-
« nent des espèces d'honneur, hérédité chère à
« bien des capacités connues, — sur ma foi, c'est
« un bon temps. A quelle médiocrité serait-il
« défendu de prendre un grain luisant de cette
« grappe du pouvoir? Quelle petite coterie ne
« peut devenir club, quel club assemblée, quelle
« assemblée sénat, et quel sénat ne peut ré-
« gner (1) ? »

Et ceci encore :

« Je ne puis que gémir, avec les républicains
« sincères et loyaux, du tort fait à ce beau nom
« latin de la chose publique. Je conçois leur haine
« pour les malheureux qui souillèrent aux yeux
« du monde leur forme gouvernementale favorite.

(1) VIGNY, *Stello*.

« Mais, en cherchant un peu, ne pourront-ils
« garder la chose avec un autre nom ? La langue
« est souple. J'en gémis, mais je n'y fus pour
« rien. Je m'en lave les mains. Lavez vos
« noms (1). »

Que de périls, — et combien graves, — atten-
draient une restauration de la branche cadette de
Bourbon à titre de dynastie d'Orléans, et par une
sorte de retour à l'élection d'août 1830 ! La bourgeoisie française aime les termes moyens, les ex-
pédients : elle n'en pourrait tenter de plus précaire.

Il suffit d'une médiocre clairvoyance pour dis-
cerner quelle serait, dès son avénement, la situation d'une monarchie purement orléaniste. Il est
peu vraisemblable qu'elle voulût se faire consacrer
par le suffrage universel, ayant toujours combattu
par l'organe de ses partisans la doctrine plébiscitaire, — ou qu'elle le pût, n'ayant pas dans les
masses populaires de racines profondes ; — et si
elle se contentait du vote d'une Assemblée, quelle
arme puissante ne laisserait-elle pas aux mains de

(1) Vigny, *Stello.*

sés adversaires ! Quand une nation a une fois usé du moyen le plus simple et le plus direct de manifester sa volonté et de régler pacifiquement ses destinées, — on peut ruser un temps avec elle, — elle n'abdique plus. La France de 1830 n'avait point encore été amenée par le cours des choses à proclamer dans toute son étendue et à mettre hardiment en action le principe de la souveraineté nationale ; — et cependant, quelle cause incurable de faiblesse ce fut toujours pour l'institution de Juillet, que de n'avoir pas à sa naissance reçu ce baptême ! L'école de Carrel n'eut pas d'autre force. Imaginer qu'un recommencement de 1830 rallierait mieux le parti républicain, et offrirait à ce point de vue un avantage sensible sur la restauration de la royauté de la branche aînée, est pure illusion. — Mais aucune hostilité ne serait plus redoutable à la royauté d'Orléans que celle du parti légitimiste. Il se montrerait à coup sûr, et non sans raison, implacable à l'endroit de ce qu'il considérerait comme le renouvellement, bien plus coupable encore, de la substitution de 1830.

Battue en brèche de tous côtés, — probablement défendue par la portion la plus apathique, et à certaines heures la plus entraînable, du corps politique, — il est peu aisé de voir sur quelle force permanente ou quel énergique sentiment populaire pourrait s'appuyer la monarchie orléaniste.

Si tous les membres de la famille de Bourbon s'étaient présentés au pays, il y a neuf mois, unis autour de l'idée de la monarchie traditionnelle, et acceptant résolûment les responsabilités de la tâche à entreprendre, — on ne peut douter que l'effet n'eût été puissant.

L'extinction de deux partis par le fait de l'avénement au trône de M. le comte de Chambord ayant M. le comte de Paris pour héritier était un résultat numérique et palpable assurément important, — mais qui eût été peu de chose auprès de l'influence exercée sur l'ensemble de l'esprit public par l'exemple de cette fraternelle réconciliation. Symbole de la grande et universelle réconciliation dont la France a faim et soif, elle eût emprunté aux infortunes de la patrie je ne sais quoi de plus noble. Sur les âmes hautes et sur les intelligences éclairées comme sur l'imagination populaire promptement saisie par ce qui offre un caractère de réelle grandeur, l'ébranlement aurait été profond ; et peut-être aurions-nous vu un irrésistible courant d'abnégations généreuses emporter la plupart de nos tristes et mille fois maudites divisions. Ce patriotique renoncement des princes d'Orléans, ce désaveu (pénible, j'en conviens) du passé, — salutaire leçon à donner à un pays, que les idées de respect, de devoir, d'obéissance consentie, peuvent seules sauver ! Qui n'eût voulu abjurer de même, aux pieds de la patrie éprouvée, dans une pensée supérieure de concorde, ses inclinations et ses préférences particulières ?

A coup sûr, il aurait fallu compter avec les répugnances vivaces que soulève, dans les couches populaires, même dans les classes rurales conservatrices, l'appréhension rétrospective de « l'ancien régime. » Mais beaucoup d'esprits éclairés et de bonne foi dans la génération nouvelle, étrangère aux fétichismes comme aux mesquines préventions d'autrefois, considéraient comme un devoir de conscience de rendre justice à la partie sagement libérale et féconde du règne de Louis XVIII, et ne se seraient pas crus autorisés à avoir moins de confiance dans la largeur et la loyauté de vues de M. le comte de Chambord...

Les choses n'en sont plus là.

Même dans le parti légitimiste, — à bien plus forte raison parmi ceux qui ne lui ont jamais appartenu, M. le comte de Chambord a, de sa

propre main , détruit beaucoup d'illusions. —
Certes je souris quand j'entends un fidèle s'é-
crier : « Du moins, le drapeau blanc n'est pas
chez les Prussiens. » On ne nous en prit donc
jamais ? Même à Rosbach ? Je conçois cependant qu'un esprit philosophique et libre fasse pas-
ser bien des choses avant la couleur d'un symbole.
Mais comment espérer que la France de 1871,
— avec ses idées, ses passions, ses préjugés, si
l'on veut , — se laisse amener à pareille concession ? L'espérât-on sans chimère, — l'insistance
qu'on y met, l'importance qu'on y attache et qui
prime tout , ne sont-elles pas de nature à faire
naître bien des doutes sur « la largeur des vues ?»
Et d'ailleurs, parler de cela comme de chose, non
nationale, mais propre au prince et réservée, —
n'est-ce pas prêter à réfléchir sur la façon dont
toute question publique sera envisagée ?

Les suites du « manifeste » mises à part, —
pour que l'éventualité d'une monarchie par
l'union des branches de la famille de Bourbon
ne fût point irréalisable, — que faudrait-il ?

De nécessité absolue, trois conditions :

Que l'union dont il s'agit fût un fait accompli ;

Que cette confiance ait pénétré dans la nation,
de trouver dans cette solution une force capable
d'arracher la France à la crise terrible où elle se
débat ;

Enfin, que la volonté nationale, dans ses mystérieuses profondeurs , soit assez revenue à l'ancien attachement envers la famille de Bourbon , pour se porter résolûment, à l'heure décisive , autour de ce drapeau.

La première de ces conditions se résout dans une question de fait. On en peut dire ceci. Actuellement, l'union dont nous parlons n'est réalisée ni entre les princes qu'elle rapprocherait, ni (et peut-être moins encore) entre les partis qui se groupent autour de leurs noms. Le « manifeste » a creusé bien avant, — il semble, infranchissable — l'abîme qu'on rêvait de combler. Les affirmations contradictoires lancées ont accru l'incrédulité de l'opinion. Dira-t-on qu'il en peut être autrement demain? De telles solutions, pour enlever l'adhésion d'un grand pays, ne veulent être disputées ni tiraillées.

Sur la seconde condition et la troisième, les meilleurs esprits en France, et aussi à l'étranger, où nous avons d'excellents juges, ne dissimulent pas leurs doutes .

La France est envahie par la décomposition révolutionnaire. Les plus fermes intelligences y vacillent. Les points d'appui s'effondrent. Notre admirable organisation se désarticule. La fortune publique s'épuise avec une promptitude que nous ne paraissons pas soupçonner, accoutumés à une prospérité de vingt ans, — mais qui se révélera soudain par quelque foudroyant témoignage. — Pour nous sauver de misères irrémédiables et inexprimables, il faut un cerveau clairvoyant et une main hardie. La France croit peu que le représentant de la dynastie de Bourbon soit cet homme nécessaire, ou soit capable de le découvrir ; elle croit moins encore le pressentir parmi ceux qui se rangeraient autour de son trône, et les agitations impuissantes, les illusions parlementaires, le peu d'esprit pratique de l'Assemblée ne lui laissent de ce côté nulle espérance.

Enfin, la France n'est pas seulement bourgeoisie ; elle est surtout peuple. Non au sens de ceux qui appellent de ce nom le milieu misérable dans lequel ils tournent, sur le pavé de quelques villes ; mais au sens vaste, puissant, de ces masses qui constituent l'immense majorité de la France active, laborieuse. Quoi qu'on ait pu dire, et quoi qu'on puisse croire de très bonne foi, la question ne demeure guère incertaine que pour les intéressés, de savoir si la « *loyalty* » monarchique n'est pas demeurée plus vivace dans ces couches profondes en faveur de la dynastie napoléonienne qu'en faveur de celle de Bourbon. Et où l'on est hostile à la première, on l'est plus violemment encore à la seconde ; que dis-

je ? on ne l'est pas moins à la doctrine républicaine modérée.

Décapitaliser Paris ? non. Fortifier la province?
oui. — Il ne faut plus que Paris, — je me trompe, un faubourg de Paris , — puisse embâter la
France d'une révolution inepte. Des retranche-
ments sont à créer, où l'ordre établi par tous
puisse se défendre. — Grave problème, singu-
lièrement compliqué , — mais que ces bons députés de Versailles me paraissent regarder par le
moindre bout de la lorgnette.

Comment arriver aussi à distribuer partout la
lumière et l'influence ? à ne plus annihiler, dans
cet immense et riche pays , tant d'intelligences
et d'initiatives, sacrifiées aux médiocres bruyants
qui s'agitent au centre ? — Comment organiser
et faire vivre en France ce que l'Allemagne et
l'Angleterre connaissent, — des centres éclairés
de provinces ou de « cercles » s'envoyant leurs
mutuelles excitations, équilibrant leurs forces
originales dans une pondération féconde ? ...

Vraiment les républicains sont étranges, répétant sur tous les tons aux légitimistes : « la « Prusse voudrait bien vous ramener dans ses « fourgons comme en 1815, » — aux impérialistes : « vous êtes les préférés et les désirés de Bis- « marck . » — Ne voient-ils donc point ce qui crève les yeux aux plus simples ? Toute dynastie est plus ou moins exposée à compter avec l'idée de revanche. Quelle forme politique la Prusse verrait-elle plus volontiers adopter par la France, que la moins militaire ... la forme républicaine ?

Instruction gratuite et obligatoire, dites-vous. — Ne plaidez pas: j'y souscris. — Mais, de grâce, épargnez-moi ce que je m'entendais hier encore répéter par un excellent homme, et très éclairé : que le défaut d'instruction est la vraie cause de nos vices et de nos misères.

Ce paysan qui vit laborieux, sobre, économe, croyant en Dieu, probe , sans envie , ne sait lire ni écrire : tout au plus, chez le notaire du bourg, met-il sa croix au pied de l'acte. — Saint-Just et Robespierre étaient poètes délicats , orateurs éloquents, — Collot-d'Herbois auteur comique , — Marat médecin , et philosophe par surcroît,

Pyat est un vigoureux dramaturge ; pour
Rochefort l'ironie gauloise n'a pas de secret :
Maroteau et Vermersch, avant de jeter aux
fédérés la prose colorée et chaude que vous
savez, ciselèrent pour les raffinés des vers ex-
quis.

Il faut que la France se rasseoie pour longtemps
à l'abri d'un pouvoir stable, si elle veut réparer
ses pertes, cicatriser ses plaies matérielles, guérir
ses plaies morales. Certes nous avons assez cruellement souffert depuis un siècle de ce mal étran-
ge, et peut-être incurable, — la Révolution. Les
bouleversements stériles, toujours acclamés une
semaine et maudits trois mois après, — les brus-
ques dislocations de tous les ressorts de notre
organisme, — les violences vengeant des violences
oubliées et préparant de nouvelles représailles, —
les envahissements de la chose publique par la
brutalité et la sottise humaines, — tout cela nous
a assez avilis, usés, brisés. Il est pourtant permis
d'affirmer que les tristes effets du passé ne seraient rien auprès de ceux qu'aurait infailible-
ment la continuation de cette dégradante existence. Ne voir dans de nouvelles aventures

qu'une succession de faits contradictoires donnant satisfaction à des besoins successifs ; pousser toute liberté jusqu'à la licence, avec la secrète assurance qu'une force capable de tout discipliner sortira au moment critique de la société remuée, — c'est une partie qu'il n'est plus possible de risquer, au point où en est la France : car notre existence nationale elle-même en serait l'enjeu. Être ou ne pas être, c'est vraiment pour nous la question.

Ce qui a fait la paix écrasante,— hélas! nous le savons.

Mais ce serait une erreur funeste, sous couleur de patriotisme, que de nous épuiser au rêve d'une revanche armée. Ce n'est point à la force que sera d'abord réservée, — si nous méritons que Dieu ne nous la refuse pas, — cette fortune, enviable entre toutes, de réparer nos revers. Une politique ferme et surtout patiente, liée avec habileté et suivie avec constance, nous peut seule rendre l'ascendant compromis. Aucun esprit sérieux ne demandera cet inestimable service national à une forme gouvernementale instable, naturellement incapable de longs desseins, d'unité et de perma-

nence dans l'action. Les agitations contradictoires qui énervent, l'inconsistance qui déconsi-
dère, le propagandisme détesté de l'Europe, la
domination des ineptes ou des violents qui abaisse
et avilit, — évitons cela, avant toute chose, si
nous tenons à retrouver force, dignité, crédit.
Une monarchie entourée d'affinités naturelles, —
bien placée pour rétablir tôt ou tard par des al-
liances les équilibres rompus, — assurée de
compter sur cet infaillible élément des grandes
réparations, le temps, — appuyée sur un peuple
uni, — servie par le talent, peut-être par le génie,
qu'aucune envieuse ambition personnelle ne lui
fait écarter à la hauteur où elle est élevée, —
quel instrument pour l'œuvre d'avenir que pour-
suivra sans relâche notre patriotisme, mais que
doit savoir attendre et lentement préparer notre
raison !

Quelle chose mauvaise détruisent les révolutions, — qui en détruisent tant de bonnes ?

Ceux qui ont loyalement soutenu l'Empire le considérèrent toujours comme le terrain neutre le plus solide, où pût se rallier cette masse d'esprits aujourd'hui dégagés de toute passion de parti.

Rien ne semble avoir ébranlé, détruit en eux cette conviction.

Qu'y a-t-il en effet, aujourd'hui, entre la France et les institutions qu'elle proclamait il y dix-huit mois les mieux appropriées à ses besoins ? — Un grand revers, et, pour beaucoup, des fautes. — Mais cela n'a point changé les conditions essentielles, et à prendre telles quelles, de notre état politique et social.

Cruelle moquerie des choses ! Après avoir déclamé vingt ans contre les votes « inconscients et « ineptes » des populations des campagnes, les partis qui détiennent le pouvoir depuis le 4 Septembre se sont appuyés presque exclusivement sur leur concours, — et la Chambre qu'ils ont formée s'est vue précisément coiffée de l'étiquette de « Rurale. » Feu le Corps législatif n'est-il pas vengé ?

Quel absolu que M. Thiers! Il est vraiment le type achevé du Français dit libéral : lui qui a tout discuté, tout critiqué dans sa longue vie, — il ne peut souffrir une autre opinion que la sienne, sur quoi que ce soit, entendez-vous ? — ni surtout d'être contredit. Il parlait l'autre jour dans je ne sais quelle discussion économique ou financière. Un député de compétence spéciale très notoire a le malheur de lâcher : « ee n'est pas mon avis . » Sur quoi, l'infaillible lui ferme la bouche : « c'est « le mien, et le mien vaut le vôtre. » Tâchez de vous figurer les ministres du tyran souffletant d'un mot pareil leur interlocuteur de tribune, — M. Jules Favre ou M. Thiers par exemple... Et pour peu que cette Chambre, si fière mais si docile, lui résiste, — le voilà hors de lui : il trépigne, il leur met sous le nez sa démission...

Que de jolies choses il a dites sur le « pouvoir « personnel ! »

Relu les principaux documents de Septembre 1870 à Janvier 1871. — Une véritable danse de Saint Guy. — C'est à se demander qui l'emportaient en bêtise, — de ceux qui jetaient au pays ces boniments de Mangin, — ou de ceux qui les buvaient, bouche béante, et criaient bravo.

J'ai longtemps été plein de foi, — non dans les idées, — mais dans le talent de M. Gambetta. Quelles déceptions, à chacune de ses harangues de dictateur ! Vous rappelez-vous le « ainsi faisait « Turenne ? »

Ceux qui n'ont cru ni à la légitimité de la révolution du 4 Septembre, ni à son utilité, ni à la toute puissance de l'idée républicaine pour vaincre la stratégie de Moltke ou la diplomatie de Bismarck, — ceux-là n'ont-ils pas le droit de dire aujourd'hui aux crédules qui ont favorisé par leur plate confiance ce suicide de la patrie : « ne le « prenez pas de si haut ? »

Je poursuis mon étude comparée de nos dernières littératures gouvernementales. — J'arrive à M. Thiers, et à ses télégrammes-discours pendant l'insurrection du 18 Mars. « Le jeune « Davout... le brave Gromelin... » On jurerait d'une distribution de prix à l'institution Prudhomme. — « Le vertueux Chaudey, cœur plein de bonté...

« le trop fameux Delescluze... le non moins cou-
« pable Millière... » Décidément c'est une manière. — Les messages sont du même style :
« Une émotion trop continue devient dangereuse.
« Comme il faut interrompre l'action du corps,
« il faut interrompre l'action de l'âme. » — Allons,
cette pauvre *vie de César*, si décriée, — et les
discours de l'Empereur (relisez les, de 1848 à
1870), — valaient mieux que ceci, comme prose
de chef d'État.

La vraie, l'unique question, dans notre état
actuel, pour qui va aux réalités, est de savoir
quelle forme politique peut grouper autour des
idées d'ordre, de progrès sage, d'union et de paix
sociales, les masses neutres. — Fûssiez-vous dans
la vérité absolue (il n'en existe pas en matière
d'organisation politique,) eh! qu'importe, de
bonne foi, si vous êtes impuissants à opposer aux
éléments révolutionnaires des éléments conservateurs aussi compacts?

Ils flétrissent les déportations, les répressions
par la force , les juridictions exceptionnelles, les

lois et les mesures de sûreté générale. Comme si, après nos terribles secousses périodiques , le choix des moyens était facile pour rétablir la paix publique ! Ils l'ont bien vu. N'en étaient-ils pas hier à crier comme Barnave : « le sang qui « coule est-il donc si pur? » — Que de fois, sous l'Empire , n'avaient-ils pas répété : « plutôt que « d'abandonner le pouvoir, cet homme bombar- « derait Paris. » Ce n'est pas lui qui a bombardé Paris.

Et c'est pourquoi il faut haïr et maudire ce qui rejette dans de telles épreuves.

Avons-nous assez lu de railleries, pendant dix ans, contre ce malheureux « spectre rouge ! » De fait, nous , arrivés à la vie politique sous l'Empire, qui n'avions jamais vu couler une goutte de sang ni déplacer un pavé dans nos rues , pouvions-nous moins faire qne de nous irriter contre ces jongleurs impériaux jouant du socialisme pour nous hébéter et nous asservir ?

Pauvre bourgeois gouailleur ! Où sont déjà tes rires goguenards d'hier ?

Il y a évidemment deux consciences , deux morales , deux loyautés : la politique, et l'autre. Je me résigne à le croire, depuis que j'ai vu tant d'honnêtes gens accepter sans examen et répandre sans scrupule toutes les vilenies stupides lancées dans le monde après le 4 septembre. Ce n'est pas moins de cinquante millions que l'Empereur volait annuellement sur le budget de la guerre , — sans parler des autres. — On avait beau leur dire : « Précisez donc, et prouvez. « Connaissez-vous le premier mot de notre or- « ganisation financière ?. Avez-vous jamais eu à « suivre cinq centimes depuis le moment où ils « entrent dans la caisse d'un comptable public « jusqu'au moment où la Cour des Comptes en « vérifie l'emploi ? » Peine perdue.

Tout cela pourtant a déjà servi tant de fois !

Vous souvient-il des honnêtes efforts du comte de Montalivet en 1848 , — s'épuisant à repousser les calomnies entassées contre le roi Louis-Philippe, « ce vieil avare , qui avait placé « des milliards à l'étranger ! »

Pas une élection, durant ces dernières années, où je n'aie entendu crier aux candidats non in-

féodés à l'opposition quand même : « Otez-vous
« donc de là ! — Vous divisez et paralysez les
« véritables conservateurs. — Laissez-nous agir
« seuls , royalistes libéraux et républicains mo-
« dérés : nous ne ferons qu'une bouchée de la
« démagogie . » — Les institutions impériales
sont tombées. A tout scrutin nouveau , j'ouvre
de grands yeux, attendant toujours au profit
des conservateurs la victoire de ces opinions,
auxquelles est maintenant le terrain, libre et
tout entier... Hélas ! la place laissée vide par
l'Empire , elles ne l'ont pas prise , — et le courant démagogique l'arrache chaque jour plus
large à leur débile résistance.

Si j'espérais faire parvenir mon humble parole
aux mandataires légalement élus du pays, à
celui qu'ils ont investi de l'initiative et de l'action , à cette armée surtout qui tient l'épée de la
France,

Je leur dirais, écho de la pensée qui est au
fond de tous les esprits sincères :

Voulons-nous donc épuiser ce qui nous reste
de force en vaines querelles , en stériles injures ?
Ne voyez-vous pas où cela nous mène ? et tant

de sang versé ne nous fait-il pas horreur ? L'ennemi en a-t-il laissé trop dans nos veines ?

La France veut vivre. *Primum vivere.* Que les
systématiques de toute opinion ergotent et dis-
sertent , — l'ouvrier honnête veut travailler, le
paysan vendre ses denrées, l'industriel fabriquer
ses produits, le commerçant opérer ses échanges,
— tous , attendre sans trembler le lendemain.
La sécurité n'est-elle pas le premier besoin d'un
peuple ? Et d'ailleurs, sans sécurité, où est la
liberté ?

Si nous ne voulons périr sous la main de l'é-
tranger ou dans quelque anarchie sans nom, il
est temps de résoudre les questions ajournées
jusqu'ici, et que la marche irrésistible des faits
pose chaque jour plus urgentes.

Lorsque, de tous les camps, on aura assez répété : « nous seuls pouvons faire vivre la Fran-
« ce, » — qui sera convaincu ? Ne sentez-vous pas
qu'à ces disputes, les esprits s'obscurcissent et les
passions s'enveniment ?

Anéantir les dissentiments des partis, — pourquoi hésiter à le dire ? — c'est une chimère.
Assez de chimères. Leurs griffes nous ont assez
déchirés.

Ne songeons qu'au possible. Mais le possible,
sachons le regarder en face, et le vouloir.

Le possible, c'est ceci :

Substituer à la lutte sans terme entre les partis le jugement de la France, — demander au pays sans ambages, sans contrainte, sans entraves, ce grand secret du droit national, seule source aujourd'hui de paix solide et d'ordre stable.

Quelle détente alors dans les passions ! Comment se haïr, s'insulter, se battre, se proscrire, quand la volonté nationale, librement et franchement interrogée, aura répondu ? Quelle que soit la réponse, nous l'accepterons tous, sans regarder en arrière. — Et cette vaillante armée, — qui peut bien parler, elle aussi, du droit de tant de sang généreux répandu sans compter, — elle verra clair dans sa tâche : soutenir avec une loyauté inébranlable la parole de la France.

Mais, pour Dieu, sortons de cette nuit, — si nous ne voulons recommencer demain à nous entretuer sur les ruines de la patrie.

248

www.ingramcontent.com/pod-product-compliance
Lightning Source LLC
Chambersburg PA
CBHW051142050726
47594CB00003B/1208